LEA AUBERT

HOROSKOP DER LIEBE

STERNZEICHEN

STIER

Ausgabe 2014
Umschlaggestaltung: Allen Lee
Titelabbildungen: aus Bildern von dreamstime.com
Herstellung und Verlag: Books on Demand GmbH, Norderstedt
Printed in Germany

ISBN 9783839120996

Kein Teil dieses Buches darf ohne ausdrückliche Genehmigung des Autors in irgendeiner Form reproduziert oder unter Verwendung elektronischer Systeme verarbeitet, vervielfältigt oder verbreitet werden.

Inhalt

Das Sternbild des Stiers

Taurus

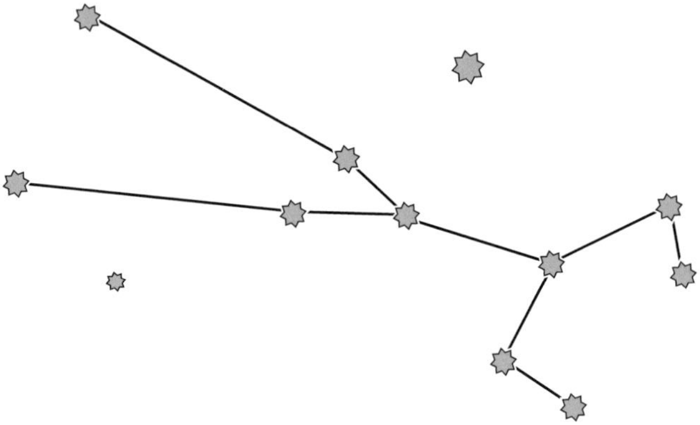

Die Sage des Stiers

Unter den Forschern gibt es zwei Thesen zur Mythologie des Sternbildes Stier.

Im griechischen Sagenkreis verwandelt sich Göttervater Zeus in einen Stier, um sich der reizenden Europa unbemerkt zu nähern: Europa pflückte gerade Blumen. Als sie aufsah, fand sie sich inmitten einer Herde Stiere. Sie bekam Angst. Ein besonderer Stier, ganz weiß, mit kleinen Hörnern und sanften Augen, beobachtete sie. Europa gab ihm die gesammelten Blumen zu fressen. Da legte sich der Stier nieder und ließ die Prinzessin auf seinen Rücken steigen. Die Herde zog zum Ufer. Als der Stier sich ins Wasser stürzte, war es zu spät für Europa, noch abzuspringen. Sie hielt sich an den Hörnern und schrie um Hilfe. Aber Zeus, der sich unsterblich in Europa verliebt hatte, ließ sich nicht erweichen. Er entführte Europa auf die Insel Kreta, verwandelte sich in Zeus zurück und liebte sie. Aus dieser Vereinigung gebar Europa drei Söhne.

Andere Quellen berichten von keiner Verwandlung. Nach ihnen sandte Zeus selbst einen Stier aus, um Europa nach Kreta zu entführen. Nach dieser Tat, verliebte sich der Stier in die Königin Pasiphae, die daraufhin das Minotaurus, halb Mensch, halb Stier gebar. Der Stier wurde von Poseidon für diese Tat bestraft. Er spie von nun an Feuer. Erst Herakles konnte den Stier einfangen und ihn nach Griechenland bringen. Dort verwüstete er solange das Land bis Theseus ihn tötete.

Die Stier-Frau

Die Stier-Frau weiß, was sie will. Viele Menschen, die sie näher kennen lernen durften sind überrascht, wie eigensinnig und stur sie sein kann, wenn sie sich einmal etwas in den Kopf gesetzt hat. Das betrifft auch ihren besitzergreifenden Stil, wenn sie auf der Suche nach einem Partner ist. Das Ziel der Begierde wird nicht einfach aus rationellen Gründen ausgesucht. Hier spielen viele Faktoren eine Rolle, die sie selbst kaum benennen kann. Das Bauchgefühl muss stimmen – sonst hat ein Verehrer keinerlei Chancen. Hat sie sich einen Prinzen ausgesucht, wird sie leicht Mittel und Wege finden ihn auf sich aufmerksam zu machen und ihn zu verführen. Stier-Frauen sind in der Regel keine Mauerblümchen, die warten, bis sie der richtige Mann anspricht. Da ihre Gefühlsebene sehr ausgeprägt gestaltet ist, verfügen sie meist auch über einen starken Hang zu romantischen Stimmungen. Sie lieben Sonnenuntergänge – auch auf Postkarten, die sie gerne aus fernen Ländern an ihre Liebsten absenden. Sie wollen sie dann nicht neidisch auf ihre Erlebnisse machen, sondern sie nur etwas an ihrer Stimmung teilhaben lassen.

Stier-Frauen verlassen sich fast nur auf ihr Bauchgefühl. Das macht ihre Entscheidungen für Außenstehende nicht immer leicht nachvollziehbar. Sie vertrauen manchmal übersinnlichen Kräften und den Kräften der Natur. Dieser Glaube ist nicht nur esoterischer Natur – sie spüren einfach, dass die Stellung des Mondes sie oder ihren Garten positiv oder negativ beeinflussen kann. Intuitiv fällen sie dann die richtigen Entscheidungen. Ein grüner Daumen wird ihnen deshalb oft nachgesagt.

In der Partnerschaft kann die Stier-Frau aufgrund ihrer besitzergreifenden Art sehr eifersüchtig werden. Sie wird selten gewalttätig, ihre Wutausbrüche sind jedoch gefürchtet und haben so manchen Partner reumütig in den Hafen der Ehe zurückkehren

oder für immer flüchten lassen. Wird die Stier-Frau von ihrem Partner verlassen, schaut sie schnell wieder nach vorne. Sie hat nun Dinge gelernt, die ihr bestimmt kein zweites Mal passieren werden. Vorsichtig streckt sie ihre Sensoren aus und wird schneller als sie denkt einen neuen Partner an ihrer Seite haben.

Die Stier-Frau ist äußerst intelligent. Sie überlegt sehr gut, bevor sie etwas in einer geselligen Runde zum Gespräch beiträgt. Ihre Stärke liegt in der Analyse der jeweiligen Situation. Sie findet in Diskussionen deshalb schnell einen Kompromiss, um die eigentliche Sache voranzutreiben. Nicht selten wird sie deshalb von Kollegen als Vermittlerin oder sogar als Projektleiterin geschätzt. Ihre diplomatische Art bewirkt oft, dass sich jeder der streitenden Parteien als Sieger fühlt und alle Wünsche zur Zufriedenheit in ein Projekt integriert werden. Diese Gabe ist eine ihrer stärksten Fähigkeiten, die sie oft unbewusst und mit Bescheidenheit einsetzt. Sie würde sich nie für ihre Taten rühmen.

Sie weiß zwar einen gewissen Reichtum zu schätzen – jedoch übt sie sich selbst in Bescheidenheit. Sie ist selten eine Person, die mit überbordendem Schmuck oder luxuriöser Kleidung Aufsehen erregen will. Das hat sie nicht nötig. Ihre Ausstrahlung vermag den Schmuck zu ersetzen. Denn selten wird ein von einer Stier-Frau fixierter Mann ihrem Blick widerstehen können. Beim Flirten besitzt sie fast übernatürliche Kräfte, die sie auch ganz zielgerichtet einsetzt. Da körperliche und geistige Liebe bei ihr absolut zusammen gehören, wird sie selten ihre Reize einsetzen, um mit einem Mann zu spielen oder einen Verehrer lange im Ungewissen lassen. Sympathie zeigt sie offen, genau wie Abneigung. Hat sie sich ein Urteil über einen anderen Menschen gebildet, wird sie sich selten umstimmen lassen. Sie hält oft lebenslang an Grundsätzen und Prinzipien fest, von denen sie überzeugt ist.

Diese Bodenständigkeit verhilft ihr dazu, in ihrem Leben meist das Geld zusammen zu halten. Eine Verschwenderin ist sie auf keinen Fall. Lieber verschenkt sie das Geld an Bedürftige, als

selbst dem Konsum zu frönen. Vielleicht wird sie aus diesem Grund auch ab und zu ausgenutzt. Bemerkt sie diese Untat allerdings, erscheint ihr dieses Verhalten so furchtbar, dass sie diese Kontakte rigoros abbricht. Sie hat es nicht nötig, sich mit einem solchen Charakter abzugeben. Es gibt genug andere, die ihre Eigenschaften ehrlich zu schätzen wissen.

Die Stier-Frau ist von Grund auf treu. Ihre Sensoren melden schnell einen Fehltritt ihres Partners oder sogar schon den Ansatz dazu. Eifersüchtig stellt sie ihn dann zur Rede. Und sollten sich ihre Vermutungen bestätigen, wird sie selten verzeihen können. Ein Vertrauensbruch erschüttert sie im Innersten ihres Herzens. Da sie selbst diese Ansprüche hat, meidet sie Situationen, in denen sie selbst Opfer von Verführung werden könnte. Meist genügt schon ihr Blick, der dann nicht einladend wirkt. Jeder Mann weiß dann sofort, dass er es gar nicht erst versuchen muss. Er hätte sowieso keinerlei Chancen. Hat ein Verehrer vor, eine Stier-Frau aus dem Hafen einer glücklichen Beziehung zu entführen, muss er schon zu den kühnsten aller Verführer gehören. Gutes Aussehen und Redegewandtheit genügen noch lange nicht, um dieses Kunststück zu vollführen. Da sie ihren Mann gerade deshalb gewählt hat, weil er zuverlässig ist, wird sie schon alleine deshalb eine solide Beziehung nicht wegen einer dubiosen Affäre aufs Spiel setzen.

In einer Ehe ist die erdverbundene Frau eine sehr gute Köchin, die immer etwas aus den Gaben der Natur zuzubereiten weiß. Fertiggerichte stehen zwar auch ab und zu auf dem Speiseplan – in der Regel liebt sie aber frische Lebensmittel. Sie genießt einen Gang zum Markt, um sich am Aussehen und den unterschiedlichsten Gerüchen zu erfreuen.

Findet die Stier-Frau eine Wohngegend nicht mehr passen, wird sie der Initiator sein, umzuziehen und den Kindern und ihrer Familie wieder eine geeignete Umgebung verschaffen.

Erotische Vorlieben der Stier-Frau

Viele Verführungskünste der Stier-Frau beginnen auf kulinarischem Gebiet. Ihre Kochkunst setzt sie gezielt ein, um einem Mann das Gefühl zu geben, genau die richtige für ihn zu sein. Sie legt hier Wert auf Qualität und würde nie einen billigen Wein zum Essen anbieten.

Die Stier-Frau ist eine hingebungs- und anspruchsvolle Liebhaberin. Für sie gehört zu einem gelungenen Abend im Bett immer ein Vorspiel, das meist schon mit einem anregenden Gespräch beim Essen beginnt. Selten ist sie in fünf Minuten soweit zu bringen, dass sie mit einem Mann Sex hat. Es muss hier noch mehr zusammenpassen: Die richtige Beleuchtung, die richtige Musik, keine Störung und die passenden Accessoires, die sie mit dem Fleiß einer Biene zusammensammeln kann. Es kann das richtige Parfüm, ein Kerzenständer, der genau ihren Vorstellungen entspricht, eine Schale mit Duftöl, ein kostbares Massageöl oder sogar ihre Unterwäsche sein, die sie stundenlang in Geschäften aussuchen kann. Ist das Paar schon länger zusammen, überrascht sie ihren Partner gerne mit neuen Fundstücken, für die sie sich begeistert und die sie für ihren Partner immer als neues Wesen erscheinen lassen.

Beim Sex hat sie ab und zu einen gewissen Hang zur Übertreibung, was schon einige Liebhaber verschreckt hat. Obwohl sie Lust hat, kann sie auf einmal abweisend sein und den Mann in Verzweiflung stürzen, um ihn kurz darauf selbst zu verführen. Für die Stier-Frau zählt die Intensität der Liebe. Selten wird sie aus einem sexuellen Akt unbefriedigt hervorgehen. Kommt sie einmal nicht zum Höhepunkt, ist das zwar kein Unglück – jedoch sollte ihr Liebhaber sie beim nächsten Mal nicht vergessen. Häufen sich unbefriedigende Erlebnisse im Bett, kann sie nur aus diesem Grund die Beziehung beenden.

Der Stier-Mann

Es gibt kaum einen beharrlicheren Verehrer als den Stier-Mann. Seine Geduld kennt keine Grenzen. Wenn er sich in eine Dame verliebt hat, kann ihn nichts mehr davon abbringen, ihre Gunst zu erwerben. Er wird immer wieder anrufen und immer wieder Versuche starten, sie auf sich aufmerksam zu machen. Dabei kann er auch einmal über die Strenge schlagen und auf die Nerven fallen.

Wie auch die Stier-Frau hat er einen eigensinnigen Charakter. Setzt er sich etwas in den Kopf – und es kann noch so abwegig sein – wird er solange nichts unversucht lassen bis sein Ziel erreicht ist. Damit ist er ein wunderbarer Mitarbeiter, kann aber auch ein lästiger Kritiker sein, der kein gutes Haar an einer Idee lässt. Denn im Hinterkopf hat er seinen eigenen Lösungsweg und sein eigenes Ziel und diese werden von ihm meist ohne Rücksicht auf Verluste verfolgt.

Stier-Männer sind gewöhnlich muskulös gebaut. Sie haben zudem einen Hang dazu, ihren Körper im Fitnessstudio zu trainieren und ihn so noch etwas attraktiver zu machen. Sport sind sie ebenso nicht abgeneigt. Hier liegen ihnen die Ausdauersportarten wie Joggen, Rudern, Fußball, wo sie große Distanzen zurücklegen aber nicht zu den schnellsten Sprintern zählen.

Der Stier-Mann ist ein Bodenständiger Typ. Er ist qualitätsbewusst und wird lieber etwas mehr ausgeben, als etwas zweimal kaufen. Baut er ein Haus, verwendet er gewöhnlich beständige und langlebige Materialien. Er baut immer etwas kräftiger und stärker als unbedingt notwendig. Frauen an seiner Seite schätzen diese Eigenschaft, da sie Sicherheit bietet. Zum Dach eines Stier-Hauses wird es auf keinen Fall hereinregnen.

Er besitzt ein gutes Körpergefühl. Er übt sich nicht nur in der Erhaltung seiner Muskelkraft, sondern legt ebenso großen Wert auf gute Ernährung. Da er intuitiv weiß, was seiner Gesundheit

förderlich ist, wird er gerne auf übermäßigen Zigaretten- und Alkoholkonsum verzichten. Da er immer etwas Gutes für sein Geld bekommen will, wird man ihn eher in Delikatess- und Bioläden antreffen als in Discountern. Qualität schmeckt ihm besser.

Im Berufsleben geht er beharrlich seinen Weg. Intrigen von Berufskollegen umschifft er meisterlich. Ab und zu bemerkt er sie überhaupt nicht. Und sollte einer von ihnen zu lästig werden, hat er schon ein nächstes Ziel im Auge – die Vertreibung des Rivalen. Hier kann es dann richtig zur Sache gehen. Und es sei jedem geraten, lieber eine Freundschaft mit ihm aufzubauen, als einen Stier zum Feind zu haben. Denn er wird nicht eher aufgeben bis seine Ziele erreicht sind.

Sport und Fitness legen die Grundsteine zu einer angeborenen Aktivität. Selten sitzen Stier-Männer in ihrer Freizeit einfach auf der Couch. Sie haben immer etwas zu tun. Wenn es auch nur ein weiteres Projekt auf ihrer Liste ist, die sie in ihrem Leben noch abarbeiten müssen.

Sein Spürsinn und seine Menschenkenntnis befähigen ihn dazu, seine Ausdauer und seine Kraft nicht für fadenscheinige Projekte einzusetzen. Er lässt sich nicht wie ein Ochse vor jeden Karren spannen. Deshalb sollten Frauen auf der Hut sein, die mit einem Stier-Mann spielen wollen. Er durchschaut ihre Absicht schnell und lässt sie schneller fallen als es ihnen Recht ist. Zusätzlich ist er dazu fähig, Rache zu üben, wenn er verletzt wurde. Es soll sogar Stier-Männer geben, die ihrer Partnerin nach einem Seitensprung verziehen haben, sie aber kurz darauf selbst aus Rache betrogen haben.

Treue ist ein Kapitel, das beim Stier-Mann aus zwei Blickwinkeln zu betrachten ist. Von seiner Partnerin verlangt er unbedingte Treue und ist ein eifersüchtiger Ehemann, der mit strengem Auge über ihr Verhalten wacht. Er selbst hingegen nimmt sich hier und da einen Flirt heraus. Diese Diskrepanz im Verhalten findet er normal und keinesfalls abwegig. So kann er mitunter

auch etwas egoistisch wirken. Ein Charakterzug, der bei einigen Stieren zum Leidwesen der Partnerinnen allerdings stärker ausgeprägt ist.

Die meisten Stiere sind geduldige Naturen. Natürlich gibt es auch hier Ausnahmen, die ihre Ziele sehr schnell und in vollem Galopp einnehmen wollen. Dabei verhalten sie sich manchmal wie ein Elefant im Porzellanladen und nehmen Schäden in Kauf, die sie nachher bereuen. Haben sie das Ziel im Visier, sind sie blind für Ratschläge und Warnungen. Sie gehen unerbittlich ihren Weg – auch wenn sie sich dadurch selbst Schaden zufügen. Das, was sie dann angerichtet haben, betrachten sie später mit Argwohn. Und nicht selten verwenden sie später genauso viel Energie das Eingerissene wieder aufzubauen.

Kleinigkeiten schenken Stiere wenig Beachtung. Und pflanzt die Partnerin eine neue Blume oder stellt Rosen auf den Tisch – ihm wird es manchmal gar nicht auffallen. Das sollte man ihm nicht allzu übel nehmen. Er legt einfach auf Feinheiten dieser Art keinen großen Wert.

Liebt er seine Partnerin, wird er es sein, der ihre Gunst nie versiegen lässt. Er gehört zu den aufmerksamen Kavalieren, die ihre Blumen gleich im Abo vorbestellen. Allerdings neigt er dazu, spontane Liebesbezeugungen seiner Partnerin zu übersehen. Er erinnert sich zudem schwer an Jahrestage. Das hat schon manche Frau verzweifeln lassen. Dafür steht er beständig an ihrer Seite – wer diese Stärke erkennt, wird auch so sehr glücklich mit ihm werden.

Erotische Vorlieben des Stier-Mannes

Der Stier-Mann ist bei der schönsten Betätigung der Welt sehr ausdauernd. Er ist dann erstaunlicherweise nicht nur auf sein eigenes Glück aus, sondern bemüht sich sehr darum, seiner Partnerin den höchsten Genuss zu verschaffen. Hier zeigt er einmal mehr, warum er seinen Körper und seine Kondition trainiert hat. In dieser Hinsicht ist er einer der besten Liebhaber des Sternenhimmels. Schnörkellos muss es sein. Er legt keinen großen Wert auf Spielereien und endlose Vorspiele. Das Wichtigste für ihn ist das lang anhaltende Glücksgefühl während der Vereinigung.

Wenn man das Tier in ihm hervorlocken will, genügt es manchmal schon, auf störende Parfums zu verzichten. Er liebt den Geruch seiner Frau. Schweiß gehört für ihn zur Liebe und ist für ihn nur ein weiteres Zeichen körperlicher Aktivität.

Obwohl er allgemein ein aktiver Zeitgenosse ist, kann er auch zur bequemeren Sorte gehören. Er lässt sich gerne verwöhnen, schläft lange aus und wünscht sich nichts sehnlicher, als eine Partnerin, die ihn mit süßen Küssen aus dem Schlummer weckt. In seinen Träumen stellt er sich oft ein Szenario vor, das an eine wundersame Nacht in einem Harem erinnert. So kann es passieren, dass er schon lange vor dem Geschlechtsverkehr so erregt ist, dass er sehr schnell zum Höhepunkt kommt. Allerdings genügt eine kurze Pause und ein paar Stimulationen um ihn wieder mitten ins Spiel zurück zu bringen.

Meist liebt er orale Spiele bei denen er seine Partnerin ebenso verwöhnen kann wie er selbst gerne verwöhnt wird. Dabei spart er auch den Anus seiner Liebsten meist nicht aus und ist Analsex ebenso aufgeschlossen.

Machtspiele liegen im weniger und stören ihn eher dabei, zur Ekstase zu kommen. Ihm genügt die Praktik selbst. Dafür benötigt er keine Fantasiewelt und keine Kostümierung.

Was Stier und Partner verbindet

Ob es in einer Beziehung Harmonie oder Streit gibt, ist nicht immer nur Sache der Charaktere. Man spricht nicht umsonst vom guten Stern, der über einigen Beziehung steht. Eine Liebe, die ein Leben lang anhält, ist der Wunschtraum vieler Menschen in einer heute sehr schnelllebig gewordenen Zeit. Fast alle sehnen sich danach, im Partner die Person gefunden zu haben, mit der alle Schwierigkeiten im Leben zu meistern sind. Zudem darf eine harmonische Beziehung nie soweit abkühlen, dass sich die Partner auseinander leben. Hier kann ein Blick in das Partnerhoroskop helfen. Eventuelle Spannungen können so früh neutralisiert werden. Denn nur wenn Probleme früh erkannt werden, lassen sie sich schnell und unkompliziert lösen.

Zu einer vollkommenen Liebe gehört eine erfüllte Sexualität. Hält geistige und körperliche Verbundenheit sich die Waage, wird eine Beziehung in der Regel immer unter einem guten Stern stehen. Aber welche Vorlieben hat der Partner im Bett? Das ist eine viel zu selten gestellte Frage, die für einige Paare in der Trennung endet. Das muss nicht so sein.

Je mehr Sie sich mit den Vorlieben Ihrer Partnerin oder ihres Partners beschäftigen, desto erfüllender können die intimen Stunden für Sie beide werden.

Nachfolgende Partnerkonstellationen führen verborgene Wünsche und Abneigungen offen auf, die Ursache für Unlust im Bett sein können. Unterhalten Sie sich darüber mit ihrem Partner. Oftmals wird erst so ein lange gehegter Traum Wirklichkeit. Natürlich ist beim Sex alles erlaubt, was gefällt. Auch wenn Ihre Neigungen nicht genau den hier beschriebenen Praktiken entsprechen, finden Sie viele Anregungen, die das Sexualleben beleben können.

Widder als Partner des Stieres

Stiere sind für ihren Langmut bekannt. Sie können mit der Sprunghaftigkeit ihrer Widderpartner sehr gut umgehen. Ein Stier hat, wie es so schön heißt, einen breiten Rücken. Jedoch sollte man sich nicht täuschen lassen: Zu große Sprünge können ihm, wie jedem anderen Partnersternzeichen, auch Verletzungen zufügen.

Der Widder hat in dieser Konstellation gerne die Hosen an. Wird das vom Stier toleriert, steht einer vollkommenen Beziehung nichts im Wege. Stiere übernehmen zwar selbst gerne in ihrer Beziehung die dominante Rolle, können aber leichter nachgeben als die Widder. Es liegt in der Natur des Stieres, sich ein wenig zurückzunehmen und dem Widder dadurch mehr Freiraum zu geben. Strebt der Stier selbst die Vormachtsstellung in der Beziehung an, kann es zu Machtkämpfen kommen, die unter Umständen in Unverständnis enden. Sehr zu empfehlen ist diesen Partnern, regelmäßig den Dialog zu suchen. Nur so lässt sich vermeiden, dass sich Probleme, Kränkungen und Verletzungen anstauen und zu unüberwindbaren Hindernissen werden, die nicht mehr ausgeräumt werden können.

Durch seine Unternehmungslust kann der Widder seinen Stierpartner immer aufs Neue begeistern. Behäbig und gutmütig folgt er dem freizeitaktiveren Widder. Stiere könne am Erfolg des Widders teilhaben und sich mit ihm freuen. Nicht selten ergibt sich so ein Paar, das aus einem ehrgeizigen und einem anspornenden Teil besteht. Bei Beziehungen dieser Art können die Rollen auch zweitweise getauscht werden. Diese Paare spornen sich gegenseitig zu Höchstleistungen in Beruf und Karriere an.

Das Liebesspiel des Widder-Stier Paares

Der Widder liebt die Abwechslung und die impulsive Macht beim Sex während der Stier lieber auf Altbewährtes zurückgreift und sich nicht so leicht verführen lässt. Hat der Widder jedoch den Entschluss zum Liebesspiel gefasst, wird der Stier kaum etwas dagegensetzen können.

Durch seine dickere Haut genießt der Stier die kräftigeren Berührungen des Widders. Ihn reizt zudem die Agilität seines Partners, der gerne oben sitzt oder liegt. Widder lassen sich gerne bewundern und diese Stellung ist eine der reizvollsten für dieses Paar. Der Stier kann in der Betrachtung des aktiven Partners schwelgen, während der Widder mit sportlicher Stärke und Ausdauer gerne auch öfter als ein Mal zum Höhepunkt kommt.

Trifft der Widder allerdings auf einen Stier, der sich kaum für Sex begeistern lässt, wird er mit hoher Wahrscheinlichkeit auf neue Suche gehen. Für Widder gehört Sexualität zum Leben wie das tägliche Brot. Erfahren Widder in Beziehungen wenig oder gar keine sexuelle Befriedigung, suchen sie sich sie nicht selten Ersatzhandlungen oder -partner. Einem Stier sei also geraten, sich nicht in seiner Beziehung zurückzulehnen.

Ein Widderpartner stellt sich gerne zur Schau und wird gerne bewundert. Das hat nichts mit Eitelkeit zu tun sondern mit einem ausgeprägten Körperbewusstsein. Erfährt der Widder hier Anerkennung, wird er dem Stier treu bleiben und diese Beziehung steht unter einem guten Stern.

Stier als Partner des Stieres

Da Stier-Männer gerne nach anderen Frauen Ausschau halten, müssen Stier-Frauen ein wenig Toleranz aufbringen. Sollte es allerdings umgekehrt sein, ist Vorsicht geboten! Im Sternzeichen des Stieres geborene Männer neigen zu explosiver Eifersucht. Die gesunde Psyche des Mannes wirkt sich allerdings sehr oft zu seinen Gunsten aus. Er kommt in der Regel schnell zur Vernunft und ein Streit ist meist so schnell beigelegt, wie er entstanden ist.

Stiere sind Wesen, die mit ihren Beinen fest auf der Erde stehen. Der Ort, an dem sie aufgewachsen sind, bedeutet ihnen viel. So sind sie meist heimatverbunden und fest verwurzelt. Im Zeichen des Stieres geborene Menschen ziehen deshalb ungern um. Werden sie dazu beruflich gezwungen, fühlen sie sich oft nicht heimisch.

Stiere merken schnell, wenn sich jemand über sie lustig macht oder es nicht ehrlich mit ihnen meint. Deshalb durchschauen sie auch sehr schnell, ob ihre Eroberung nur mit ihnen spielen will. Für diese Spielarten der Liebe ist der Stier der falsche Partner. Ein Stier-Geborener wird Träumereien und romantischem Geplänkel nicht sehr viel abgewinnen können. Seine Gefühle äußert er in der Regel ohne Umschweife und lange Umschreibungen. Genauso kommt er gerne direkt zur Sache. Beide Partner sind sich ihres eigenen Körpers und vor allem ihrer Kräfte bewusst. Sie investieren nur Gefühle, wenn sie sich sicher sein können, dass sie auch vom Partner erwidert werden.

Das Liebesspiel des Stier-Stier Paares

Für dieses Paar gibt es selten One-Night-Stands. Sie respektieren die Gefühle des Anderen und würden nie aus der Wohnung verschwinden, ohne zumindest beim Frühstück nochmals über alles geredet zu haben. Da der Stiermann eine Schwäche für Frauen hat und eigentlich alle besitzen will, ist allerdings Vorsicht geboten. Weist die Frau ein gesundes Selbstbewusstsein auf, wird sie mit dieser oft negativ gedeuteten Eigenschaft des Stier-Mannes umgehen können.

Das Paar legt viel Wert auf stilvollen Sex. Hier wird im Vorfeld geplant und dekoriert. Nicht selten arrangieren sie ihr Liebesnest mit Kerzenlicht und passender Musik. Der Liebesakt wird fast wie im Theater inszeniert. Deshalb mögen beide auch Spiegel im Schlafzimmer. Sie weiden ihren Blick gerne am Körper des anderen.

Beim Vorspiel hingegen braucht der Stiermann keine Spielereien. Er liebt den direkten Genuss. Da beide ein ausgeprägtes Körpergefühl besitzen und Sex als natürliche Sache betrachten, praktizieren sie gerne Oralsex. Geruch und Geschmack sind für beide sehr wichtig. Die Stier-Frau liebt seinen männlichen Geruch. Und ihn erregt ihr Körpergeruch, den sie nur dezent mit Parfum überdecken sollte. Vom heißen Duft zwischen ihren Beinen wird er magisch angezogen und kann sie dort stundenlang verwöhnen.

Zwillinge als Partner des Stieres

Zwillinge sind in der Regel redseliger und aktiver als Stiere, die ihr Glück lieber in der inneren Ruhe suchen. Das macht die Stier-Zwilling-Kombination nicht unbedingt zu einer passenden Schnittmenge.

Allerdings werden Stiere von der quirligen Aktivität der Zwillinge angezogen. Sie sind fasziniert davon, mit welcher Leichtigkeit der Zwilling Ideen entwickelt und sie dann genauso schnell wieder verwirft. Beide haben oft vollkommen unterschiedliche Berufe, z.B.: Bankkauffrau und Koch.

Findet sich im Zwilling eine stille Sehnsucht nach Harmonie und Beständigkeit, wird der Stier der Fels in der Brandung für ihn sein. Er wird dann gerade deshalb geliebt und sollte sich nicht für den Zwilling ändern. Das macht ihn auf Dauer nicht glücklich und Spannungen sind die Folge.

Zwillinge ihrerseits sollten nicht zu ungeduldig mit einem Stier sein. Denn es entspricht einfach nicht seiner Natur, sein Leben unbedacht und spontan zu ändern. Hier bremst der Stier die schnelle Entscheidungsfreude des Zwillings. Sieht er das nicht immer nur als Kritik, sondern als wohlmeinende Ratschläge, werden beide ihr Glück finden. Oftmals führt der Langmut des Stieres zu bodenständigeren – deswegen aber keineswegs unglücklicheren – Entscheidungen, die das Leben beider entscheidend positiv beeinflussen können.

Das Liebesspiel des Stier-Zwillinge Paares

Auch auf sexuellem Gebiet passt bei diesem Paar manchmal nicht alles sofort zusammen. Stiere brauchen in der Regel länger, um richtig in Fahrt zu kommen.

Zwillinge verfügen über eine lustbereitende und erfrischende Kreativität, die der Stier gerne genießt, ohne dass er darüber immer viele Worte verlieren würde. Das Paar kann wunderschöne Stunden mit gegenseitigem Verwöhnen, Streicheln, Schmusen und Küssen verbringen.

Allzu eilig hat es keiner von beiden, zum Höhepunkt zu kommen. Und so bietet sich die Chance, die Liebestechnik soweit zu verfeinern, bis eine gemeinsame gleichzeitige Ekstase erlebbar wird. Der Zwilling wird nichts unversucht lassen, am Stier auszuprobieren, was ihm in den Sinn kommt. Da der Stier eine gutmütige Natur hat, wird er alles mit sich machen lassen, manches für gut befinden und manches nur aus Liebe zum Zwilling beibehalten. Deshalb sollten Zwillinge auch auf unbewusste Signale ihres Partners achten, um ihm nicht zu viel abzuverlangen.

Reden wird im Bett meist nur der Zwilling. Übt das Paar in der körperlichen Liebe gegenseitige Rücksicht und lässt ein Partner dem anderen seinen Freiraum, können die höchsten Glücksgefühle erlebt werden. Auf eines sollten beide jedoch verzichten: Sich oder den anderen zu einer Handlung zu zwingen, die sie eigentlich nicht mögen. Dies endet meist in Frustration und unbefriedigten Zuständen.

Krebs als Partner des Stieres

Diese Beziehung steht von vornherein unter einem guten Stern. Der Krebs, der von Natur aus ein wenig launisch ist, wird vom Stier so akzeptiert, wie er ist. Steht der Krebs morgens mit dem falschen Bein auf, kann der Stier ihm schon auf den ersten Blick den Wind aus den Segeln nehmen. Meist legt sich ein Streit schon bevor er richtig begonnen hat. Davon profitieren beide Sternzeichen, die sich sonst gegenseitig verletzen könnten.

Es fällt schwer, bei diesem Paar überhaupt das Haar in der Suppe zu finden. Eine Eigenschaft beider wäre vielleicht zu erwähnen: Sie ziehen sich beide gerne zurück. Nicht nur jeder für sich, sondern auch als Paar. Nicht selten werden Freunde ein solches Paar kaum noch spontan treffen, wenn es richtig ineinander verliebt ist. Die beiden genügen sich selbst und brauchen niemanden mehr für ihr Glück.

Allerdings birgt das die Gefahr, alles um sich herum zu vergessen. Deshalb kann man der Stier-Krebs-Konstellation vor allem Unternehmungslust und Freude an der Kommunikation mit anderen Menschen wünschen. Durch ihre auch nach außen sichtbare Harmonie wecken sie manchmal den Neid anderer Personen und sollten sich vor falschen Freunden und deren Intrigen in Acht nehmen. Diese aufgestellten Fallen haben schon so manches Paar auf ihrem sonst glücklichen Weg straucheln lassen.

Das Liebesspiel des Stier-Krebs Paares

Beide Partner des Stier-Krebs-Bündnisses haben einen ausgeprägten Schwerpunkt in ihrem Gefühlsleben. Für sie gehört Sexualität und Liebe immer zusammen. Fehlt eines von beiden Elementen und die Beziehung gerät so aus dem Gleichgewicht, werden beide gleichermaßen Unlust verspüren. Verhält sich ein Partner dauerhaft passiv, der andere aktiv, kann das ebenso Unstimmigkeiten auslösen. Die Erfolgsformel lautet hier, dass Gefühle nur auf Gegenseitigkeit beruhen. Wer gerne verwöhnt, will auch einmal verwöhnt werden. Eine Einbahnstraße der Gefühle und der Zuwendung von Zärtlichkeiten kann sehr schmerzhaft für den Partner sein, der immer mehr investieren muss als sein Gegenüber.

Bei den Liebestechniken bevorzugen beide Partner eher traditionelle bodenständige Formen. Experimenten sind sie nur bedingt zugänglich. Sie finden großen Gefallen am Vorspiel und können diese Zeit nicht genug auskosten. Sie beschäftigen sich mit großer Hingabe mit der Haut des Anderen. Der Körper ist eine große Landschaft, die immer wieder neu entdeckt wird. Sie wird gestreichelt, liebkost und auch sehr gerne gebadet. Angenehmes Licht, gute Musik, schöne Gerüche und kulinarische Erlebnisse werden gerne zur Untermalung der Liebesstunden genutzt. Gegenseitige Massagen mit ätherischen Ölen führen bei beiden zu unvergesslichen Momenten.

Löwe als Partner des Stieres

Stiere, die sich selbst sehr wichtig nehmen, werden mit Löwen nicht gut auskommen. Löwen neigen dazu, sich selbst gerne in den Mittelpunkt zu stellen. Wird diese Eigenschaft des Löwen akzeptiert, ist der Stier ein passender Partner.

Beide haben genug Energie, um ihr Leben zu meistern. Sie verspüren bei gemeinsamen Projekten kaum Müdigkeit und spornen sich gegenseitig zu Höchstleistungen an.

Der Löwe geht allerdings nicht so sorgsam mit dem Ersparten um. Einen Stier, der auf diesem Gebiet nüchtern und wohlüberlegt handelt, kann das mitunter aus der Fassung bringen. Hier sind Spannungen vorprogrammiert.

Ein Löwe sollte seinen Stier oft wissen lassen, dass er seine Einwände und Bedenken ernst nimmt und diese Ratschläge auch das eine oder andere Mal wirklich beherzigen.

Ein Stier neigt dazu, einen angenehmen Zustand bewahren wollen. Ihm tut es deshalb gut, ab und zu auch einmal seinen ruhenden Pol zu verlassen und etwas über die Strenge zu schlagen.

Im Löwen hat der Stier einen Partner gefunden, der seine starke Hand über die Familie hält. Ein Löwe-Stier-Paar hat oft einen ausgeprägten Hang zum luxuriösen Leben. Löwen umhegen ihren Partner und sind wunderbare kraftvolle Liebhaber. Besonders in der Anfangszeit einer solchen Beziehung wird der Löwe großzügig und spendabel sein.

Das Liebesspiel des Stier-Löwe Paares

Solange der Löwe denkt, er wäre derjenige, der die Richtung und die Stellung angibt, ist alles in Ordnung. Stiere, die sich Techniken angeeignet haben, die Kraft des Löwen in die richtige Bahn zu lenken, können sich glücklich schätzen. Denn ist der Löwe einmal in Fahrt, gibt es selten ein Zurück. Das gilt allerdings ebenso für den Stier.

Wenn also das Liebesspiel schon am Anfang zwischen den Partnern gut funktioniert, wird es auch in Zukunft so bleiben. Denn beide lieben kraftvollen Sex ohne Verzögerungen. Der Löwe mag dominante Stellungen, bei denen er seine Beute vor sich sieht. Er mag nicht gerne einfach nur genommen werden. Ein Stier hingegen kann sich auch mit einer passiveren Rolle abfinden. Er wird in der Regel die kräftige Art des Löwen genießen.

Vor Machtspielen im Bett sei allerdings gewarnt. Löwen wie Stiere können ungehalten reagieren, wenn sie merken, dass sie nicht mehr Herr der Lage sind. Deshalb sollte auf Spielarten verzichtet werden, die den anderen in seinen Aktionen einschränken. Nicht selten ist für sie nichts schlimmer, als festgehalten oder gar gefesselt zu werden.

Auf Sexspielzeug können beide getrost verzichten. Sie finden im Gegenüber einen Partner, der sie vollauf erregen und befriedigen kann. Dazu Spielzeug verwenden zu müssen, kommt beiden sowieso eher lächerlich vor – denn es wäre ein Zeichen des eigenen Unvermögens.

Jungfrau als Partner des Stieres

Es trifft sich hier der Stier, Bewahrer von Haus und Hof mit der fleißigen vernünftigen Jungfrau. Man könnte meinen, dass dies eine ideale Kombination wäre. Um die Beziehung allerdings auf Dauer gesund zu halten, müssen von beiden Seiten Kompromisse eingegangen werden.

Jungfrauen lassen sich selten sofort auf Stiere ein. Sie sind eher vorsichtige Naturen. Nichts ist ihnen unangenehmer, als einfach überrannt zu werden. Außerdem sind sie sehr wählerisch. Haben sie sich einen Stier für ihr weiteres Leben ausgesucht, muss er schon perfekt zu ihnen passen.

Stiere, die sich mit Jungfrauen einlassen, sollten sich klar darüber sein, dass sie in der Anfangszeit einige Mühe investieren müssen. Jungfrauen lassen sich nicht mit einfachen Sprüchen abschleppen. Sie können sehr gut hinter die Fassade von Menschen blicken und sortieren sofort die Spreu vom Weizen. Stiere sollten also nicht zu ungeduldig werden.

Braucht die Jungfrau noch so lange im Bad, darf das dem natürlichen Stier nicht auf den Wecker gehen. Werden die Eigenarten des Anderen als schöne Spielarten des Lebens akzeptiert, wird diese Beziehung unter einem guten Stern stehen.

Einige dieser Paare ergänzen sich auch im Berufsleben, wo sie ab und zu sogar in der gleichen Firma arbeiten und sich gegenseitig unterstützen.

Das Liebesspiel des Stier-Jungfrau Paares

Beide Sternzeichen lieben schnörkellosen Sex. Von Jungfrauen kann der ein oder andere Einfall des Stieres deshalb mit Empörung abgelehnt werden. Das Liebesleben der Partner bessert sich in der Regel, je länger die Beziehung dauert. Kennen sich beide wirklich gut, werden sie auch den Sex miteinander in vollen Zügen genießen.

Allerdings sollte sich der Stier etwas in seinem Temperament und seiner ungestümen, manchmal sogar brutal wirkenden Art, zügeln. Er kann der Jungfrau durch seine Kraft und Ausdauer unheimlich werden.

Jungfrauen haben oft ein Problem damit, ihren Körper in aller Natürlichkeit zu zeigen, wie es Stiere gerne tun. Das schafft manchmal Spannungen im Sexleben und diese Hemmungen werden vom Stier als unnötige Prüderie empfunden. Hat die Jungfrau genug Vertrauen gefasst, wird sie gerne auf die erotischen Wünsche des Stiers eingehen und die Zeit im Bett wird so zum Vergnügen.

Eines sollte dieses Paar jedoch von Anfang an mitbringen: Geduld mit sich und dem Partner.

Da Stiere Meister der oralen Liebeskunst sind, finden auch Jungfrauen daran gefallen und können nach anfänglichem Zögern richtig süchtig nach diese Spielart werden.

Waage als Partner des Stieres

Geselligkeit steht bei diesem Paar im Vordergrund. Beide sind gerne unter anderen Menschen. Auch Urlaube, in denen sich einige dieser Partner kennen lernen, sind eine wichtiger Bestandteil dieser Konstellation. Hier können sie in gemeinsamen Unternehmungen ihre Zweisamkeit genießen.

Die zweifelnde Waage findet im Stier oft den idealen Partner. Er verkörpert für sie den sicheren Hafen. Hat sie sich für einen Stier entschieden, wird sie nicht mehr zweifeln. Sie kann sicher sein, dass sie gefunden hat, was sie ihr Leben lang gesucht hat. Das erleichtert sie ungemein.

Sollten Waagen allzu wankelmütig bleiben, laufen sie allerdings Gefahr, von Stieren eher abgelehnt zu werden. Das kann auch noch nach längerer Dauer der Beziehung der Fall sein. Stiere sind in der Regel bodenständig und mögen es nicht, wenn ein einmal gefasster Entschluss tausendmal in Frage gestellt und umgekippt wird. Was für Waagen eine normale Lebensart ist, findet der Stier eher nervenaufreibend und unnötig. Genauso kann die Schwerfälligkeit des Stieres die Waage auf die Palme bringen.

Legen beide Sterzeichen etwas von ihren ureigensten Eigenschaften zu Gunsten des gemeinsamen Lebens ab, führen sie in der Regel eine lang anhaltende glückliche Beziehung.

Das Liebesspiel des Stier-Waage Paares

Waagen zeigen beim Liebesspiel gerne ihre warme und zärtliche Seite. Sie können ohne jeden Hintergedanken Stieren immer neue Komplimente machen. Sie wissen natürlich davon, dass Stiere sich gerne als dominante Helden des Geschehens zeigen. Durch ihre ehrliche Bewunderung spornen sie Stiere zur Höchstleistung an. Die gehörnten Wesen werden durch die zärtlichsten aller Zuwendungen entschädigt.

Beide lieben es, wenn sich ihre Körper berühren und sie sehr viel Haut ihres Partners spüren können. Diese pflegen sie gerne gegenseitig mit Ölen und Lotionen. In einer solchen Massage, die von beiden fast wie ein Geschlechtsakt empfunden wird, können sie sich verlieren und die Zeit vergessen. Einige der Paare nutzen deshalb eine Massage als willkommenes Vorspiel, das alle Energien für den Liebesakt aktiviert.

Waagen mögen oft Oralsex. Sie empfinden sehr viel mit ihren Lippen und ihrer Zunge. Gerne legt sich die Waage auch unter den Stier und betrachten den Gesichtsausdruck ihres Partners beim Liebesakt. Diese Spielart gefällt dem Stier, der es direkt und kraftvoll liebt. Er findet in der Waage den idealen Partner für verregnete Wochenenden. Dann wird das Handy abgeschaltet und beide befinden sich in einer Zone, in der sie ungestört nur ihre Zweisamkeit genießen.

Haben sie ein Schwimmbad im eigenen Haus oder gar eine eigene Sauna, verbringen sie ihre Ferien am Liebsten in den eigenen vier Wänden.

Skorpion als Partner des Stieres

Stiere bauen mit ihrer beständigen Natur das Haus für beide auf und bewahren es. Skorpione rütteln hier und da. Ohne den Stier an ihrer Seite wäre das Haus manchmal verloren. Zu schnell reißen sie das ein, was sie schnell und ehrgeizig errichtet haben.

Nun könnte man meinen, dass diese Konstellation niemals unter einem guten Stern steht. Allerdings täuscht man sich hier. Es gibt sehr viele Skorpione, die die Stärke und die Behäbigkeit des Stieres, die keinesfalls mit Langeweile verwechselt werden darf, schätzen.

Der Stier seinerseits müsste den aufreibenden Skorpion eigentlich eher ablehnen als mögen. Da täuscht man sich allzu oft. Denn genau durch die Energie des Skorpions kommt der Stier aus seiner passiven Haltung heraus, wird beweglich und vollführt geradezu Luftsprünge.

Leichtigkeit kann bei diesem Paar allerdings nur im Vordergrund stehen, wenn der Skorpion den Bogen nicht überspannt und seinem Hang zur kompletten Demontierung nicht nachgibt.

Da beide, Skorpion und Stier, sehr stur sein können, ergibt sich ein weites Feld für Konflikte. Für beide ist es nicht leicht, diese Hindernisse zu umschiffen. Mit ein wenig Toleranz und Rücksichtnahme sollte es allerdings gut gelingen. Wenn die Partner sich ihr Leben lang kritisch selbst hinterfragen und an der Beziehung arbeiten, wird sie selten wieder etwas auseinander bringen und sie wissen ihre glückliche Zweisamkeit zu schätzen.

Das Liebesspiel des Stier-Skorpion Paares

Im Bett passen beide Partner gut zusammen. Denn beide haben oft Lust auf Sex. Sie hegen den Wunsch nach unkomplizierter Befriedigung ohne Spielereien. So wird auch mal auf das Vorspiel verzichtet und nach dem Kuss schon zum Liebesakt geschritten.

Beide, Stier wie Skorpion, legen wenig Wert auf Träumereien und Wunschvorstellungen im Vorfeld. Für sie zählt, was wirklich passiert. Wird es für gut befunden, kann die Beziehung bestehen. Ausgefallene Spielarten sind bis auf Ausnahmen nicht das Spielfeld dieses Paares. Beide mögen es eher direkt und kräftig. Auch in der Sprache kommt dies zum Ausdruck. Hier können sie sich durch Worte zur höchsten Lust bringen und so erregen, dass sie regelrecht über einander herfallen. Dann ist Vorsicht geboten. Denn Schnell kann der Stier zu viel Kraft freisetzen und den Skorpion unbeabsichtigt verletzen oder ihm Schmerzen zufügen. Und ist der Skorpion einmal beleidigt, ist er nicht mehr so schnell umzustimmen.

Vor einem Spiegel im Badezimmer können sich beide wie in Trance in ihr eigenes Abbild vertiefen. Sie lieben nicht nur den Partner, sondern auch ihren eigenen Körper. So gehört auch ein Spiegel über dem Bett oder Videoaufnahmen zum Repertoire dieser Liebenden. Visuelle Eindrücke bringen sie richtig in Fahrt.

Schütze als Partner des Stieres

Achtung Freiheit!

Das ist das oberste Gebot in dieser Beziehung. Weder der Schütze noch der Stier wünschen sich in dieser Konstellation vom anderen eingeschränkt zu werden. Das würde ihnen schnell gegen den Strich gehen.

Am Ideenreichtum des Schützen hat der Stier seine Freude. Diese Eigenschaft des Schützen, der immer auf der Jagd nach neuen Eindrücken zu sein scheint, begeistert ihn. Der Stier sollte dabei nur nicht Gefahr laufen, selbst für seinen Partner uninteressant zu werden. Schützen lieben die Abwechslung. Entwickelt sich ihr Partner nur zum langweiligen TV-Konsumenten, wird er schnell Ersatz finden.

Schützen sind romantische und leidenschaftliche Liebhaber, die alles für ihren Partner tun würden. Ist einem Stier genau das bewusst, wird er immer für eine bereichernde Unterhaltung sorgen. Die Lebhaftigkeit des Schützen spornt ihn jedenfalls dazu an.

Das Paar reist gerne in ferne Länder. Exotische Orte, unentdeckte Plätze fernab der touristischen Pfade sind genau ihre Welt. Hier fühlen sie sich wohl und haben genug Raum zum Atmen. Sind beide wieder zu Hause, zehren sie lange von ihren Eindrücken. Das hilft gegen Langeweile an grauen Wintertagen und ist Motor für neue Träume.

Das Liebesspiel des Stier-Schütze Paares

Wie in der Liebe, so auch beim Sex: Wer den Schützen an die Leine legen will oder ihn gar dirigieren will, ist schlecht beraten. Stiere, die ihre kraftvolle Stärke im Bett ausspielen wollen, müssen sich auf Machtkämpfe einstellen. Denn so schnell lässt der Schütze sich nicht unterkriegen. Er holt sich in der Regel, was er will.

Hat das Paar die explosive Energie zwischen sich erkannt, kann es wundervoll mit ihr spielen. Macht und Unterwerfung kann sich hier von Mal zu Mal abwechseln und die unter diesen Zeichen Geborenen werden knisternde Stunden mit einander verbringen. Sollte es einmal härter zugehen, steht der Schütze dem Stier um nichts nach. Er kann auch austeilen und mit ganzer Kraft seinen Körper einsetzen.

Nicht selten lieben beide die Liebe bei Tageslicht. Denn der gegenseitige Anblick bringt sie richtig in Fahrt. Schüchterner Sex im Dunkeln ist nicht ihr Ding – außer es gehört zum gerade praktizierten Spiel.

Natürlichkeit herrscht vor. Frauen dieser Konstellation verzichten oft auf Make-up. Sie wissen auch so, dass sie für ihren Partner immer begehrenswert sind und verschwenden keinen überflüssigen Gedanken daran. Innere Zufriedenheit führt bei beiden zu einer attraktiven Ausstrahlung. Diese Aura setzen sie auch zum Flirten ein. Dabei übertreten sie selten die zwischen ihnen geltenden Grundsätze der Treue. Sie lieben es, mit ihren Reizen zu spielen. Und das probieren sie immer wieder aus.

Steinbock als Partner des Stieres

Die Beziehung dieser gehörnten Wesen steht unter einem leuchtenden Stern. Oft ist diese Verbindung das, wonach beide ihr gesamtes Leben lang gesucht haben. Denn hier kommt es selten zu den sonst zwischen diesen Tierkreiszeichen üblichen Machtkämpfen.

Steinböcke können sehr gut zwischen einem loyalem Partner und einem missgünstigen Rivalen unterscheiden. Der Stier entpuppt sich bald als ein beständiger Fels in dieser schnelllebigen Zeit. Mit allen Beinen fest auf dem Boden sucht dieses Paar nie das unnötige Risiko. Sie planen gemeinsam ihre Zukunft und schützen sie mit allen Mitteln.

Selten wird ein solches Paar, hat es sich einmal gefunden, wieder aus fadenscheinigen Gründen auseinander gehen. Es muss schon eine sehr große Erschütterung geben, um dieses Paar zu trennen.

Steinbock und Stier ergänzen sich durch Fleiß und Beständigkeit, die manchmal von der Außenwelt als Spießertum abgetan wird. Allerdings ist das nur der Neid. Denn das Glück dieses Paares ist dauerhaft angelegt. Das spürt jeder, der die Beiden betrachtet. Sie sind fast immer guter Laune und auch in Krisenzeiten optimistisch eingestellt.

Ist einer von beiden einmal schlecht gelaunt, gelingt es dem anderen durch Humor oder passende Vorschläge wieder Sonne ins Leben zu bringen.

Das Liebesspiel des Stier-Steinbock Paares

Was ist über ein Paar zu sagen, bei dem alles zu passen scheint? Ihre Körper passen zueinander wie als wären sie wirklich für einander geschaffen. Was der eine wünscht, errät der andere schnell und nimmt es in sein Repertoire der Liebesspiele auf.

Würde man ein Paar dieser Art beobachten, würde man bemerken, dass sie im Augenblick der Liebe nur sich selbst sehen. Sie können sich ganz und gar in ihren Partner vertiefen. Sie probieren unterschiedliche Techniken aus – allerdings lieben sie beide mehr das Bodenständige in all seinen Facetten. Und sollte sie morgens um fünf aufwachen, wenn er zur Arbeit muss – für einen wunderbaren Moment der Liebe reicht die Zeit immer.

Machtspiele im Bett liegen beiden wenig – denn hier weiß jeder, dass er so oder so auf seine Kosten kommt. Eine Verschmelzung von Steinbock und Stier ist fast mystisch: Liebe und Sex vereint sich in einem endlosen Augenblick.

Was will man mehr?

Sex ohne Liebe ist ein Ding der Unmöglichkeit – zumindest für dieses Paar. Dann hätten sie sich schon längst getrennt. Denn nur wo bedingungslose Leidenschaft ist, fühlen sie sich wohl.

Untreue wird kaum zum Problem, wenn auch Stiere mehr dazu neigen als Steinböcke. Nicht zuletzt sind sich beide bewusst, dass sie an ihrem Partner jemanden an ihrer Seite haben, der unersetzbar ist. Diese Gewissheit bedeutet ihnen mehr als alles andere in ihrem Leben.

Wassermann als Partner des Stieres

Der Stier ist fasziniert von der Spontaneität des Wassermanns. In ihm findet er Individualität, Geistesfrische und Lebensenergie. Der Wassermann seinerseits kann sich an der beständigen Kraft und Ausdauer des Stieres erfreuen.

Allerdings liegt hier auch das Problemfeld der Konstellation. Denn nicht selten entpuppt sich der Stier als Bremser und der Wassermann als unkontrollierbarer Vagabund, der nie an die Zukunft denken will.

Wassermänner können im Stier eine gewisse Lebhaftigkeit erzeugen. Sie zu bewahren, dazu bedarf es allerdings ein wenig Eigenleistung des Stieres, der hier sehr zur Behäbigkeit neigt.

Das Planen der gemeinsamen Zukunft fällt diesem Paar nicht so leicht wie anderen. Sie denken oft in unterschiedlichen Denkmustern: Auf der einen Seite Risikobereitschaft und auf der anderen Seite Sicherheitsdenken. Beide Vorlieben lassen sich nur schwer in ein Lebensmodell pressen. Haben beide Tierkreiszeichen allerdings einen Weg gefunden, wird er gerne mit voller Tatkraft beschritten. Der Stier sollte dann aber auf jeden Fall die Zügel nie ganz aus der Hand geben und den Wassermann nach Gutdünken schalten und walten lassen.

Bevor Verträge unterschrieben werden, sollte immer der Stier befragt werden. Sein erdverbundenes Gespür für Gefahr hilft oft dabei, Fallstricke ohne Verletzungen zu umgehen. Wassermänner neigen mitunter zu vorschnellen Entscheidungen, die sie im Nachhinein bereuen. Im Stier haben sie einen Partner, der ihnen wie ein guter Freund immer den richtigen Ratschlag geben kann.

Das Liebesspiel des Stier-Wassermann Paares

Die Energie und natürliche Unbekümmertheit beim Sex des Stieres geht nicht immer in der geistreichen Natur des Wassermanns auf. Zu gerne würde er sich noch etwas länger in Träumereien und Gesprächen abarbeiten, bevor er zum tatsächlichen Akt der Liebe schreitet. Den Stier kann das allerdings wahnsinnig machen. Er liebt eine direkte Berührung und schaltet seine Gedanken dann vollständig aus. Für ihn gibt es nur noch den anderen Körper, der wie ein Sexualobjekt begehrt wird.

Wassermänner lieben das leichte Geplänkel, bei dem nicht immer der Sex im Vordergrund steht, genau so gerne wie die spätere körperliche Vereinigung. Sie können kuscheln ohne überhaupt daran zu denken – was für den Stier unmöglich ist. Kommt er in Fahrt, ist an Halt oder Umkehr nicht mehr zu denken.

Konflikte dieses Paares zeigen sich eindeutig beim Vorspiel. Schafft der Stier es, sich etwas zu zügeln und dem Wassermann auch seine Lust am Kuschelsex zuzugestehen, wird alles Weitere zum Kinderspiel. Von diesem Gespür wird das Sexualleben zwischen diesen Partnern entscheidend beeinflusst.

Naturgemäß zieht es den Wassermann zum Wasser. Das ist sein Element. Es zählt zu seinen schönsten Erlebnissen, unter der Dusche von seinem Partner verwöhnt zu werden. Auch der Stier ist einem Spiel im Badezimmer aufgeschlossen. Im heißen Bad oder unter dem prickelnden Strahl der Brause kann er sich die kreativsten Liebesspiele ausdenken und sofort in die Tat umsetzen.

Fische als Partner des Stieres

Ist eine Konstellation zwischen Sternzeichen manchmal regelrecht wolkenverhangen – für dieses Paar trifft genau das Gegenteil zu.

Fische fühlen sich ausgesprochen wohl in der Obhut von Stieren. Sie lieben einen sicheren Hafen, in den sie sich in stürmischen Zeiten gerne zurückziehen. Der Fels in der Brandung ist ihnen eine willkommene Burg, die sie selbst sorgsam mitgestalten.

Allerdings haben Fische oft den Drang ins weite Meer hinauszuschwimmen und sich treiben zu lassen. Eine Eigenart, die der Stier nicht immer nachvollziehen kann. Denn zu Hause ist es doch am schönsten!

Lässt der Stier dem Fisch die Freiheit, wird er immer mit bereichernden Eindrücken heimkehren und ihn zum Mitreisen ermutigen. Geht der Stier darauf ein, findet er im Fisch noch mehr Liebe. Denn nun kann sich dieser auch während seiner Reisen mit seinem Partner vergnügen.

Gründen beide eine Familie, kann es keine geeigneteren Behüter der eigenen Kinder geben. Fische sorgen sich mit Hingabe um ihre Kinder und Stiere beschützen das Haus mit aller Kraft, die sie aufbringen können.

Ist das Paar einige Zeit zusammen, braucht es schon schwerwiegende Gründe dafür, wieder eigene Wege zu gehen. In der Regel sind Beziehungen dieser Art auf Dauer angelegt.

Das Liebesspiel des Stier-Fische Paares

Das Liebesspiel der Fische ist legendär. Sie besitzen eine wendige Leichtigkeit, die den Stier, der eher behäbig aber kraftvoll agiert, begeistert.

Das oft als unberechenbar und wankelmütig beschriebene Temperament der Fische ist hier die treibende Kraft. Denn der Stier wird so gut wie alles ausprobieren, was ihm der Fisch vorschlägt. Er folgt ihm überall hin und erlebt mitunter auch das ein oder andere Sexabenteuer.

Romantische Liebe vor dem Kamin ist nicht die erste Wahl dieses Paares. Sie lieben eher spontanen Sex während eines Spaziergangs. Wozu eine offene Gartenhütte doch zu gebrauchen ist!

Nicht selten führt sie ihre Reise auch in ferne Länder, wo sie an exotischen Orten oder am Strand heiße und innige Momente erleben. Fische lieben das Meer und können sich stundenlang, ihren Blick auf den Horizont gerichtet, küssen und lieben. Beide genießen den Sand auf der Haut und wenn Wind oder Wasser ihren Körper umschmeicheln. Nicht selten sieht man sie eng umschlungen einschlafen. Auch im Ehebett wenden sie sich häufig einander zu und suchen den Körperkontakt.

Als Stellung bevorzugen beide die Löffelchenstellung – denn hier können sie sich mit ihrem gesamten Körper fühlen.

Eines ist sicher: Hat der Stier einen Fisch gefunden, der ihn sexuell begeistert, wird er ihn nicht mehr aus den Augen lassen.

Der Jahresrhythmus der Sternzeichen

Wie beim bekannten Biorhythmus gibt es auch in der Liebe zeitweise Höhen und Tiefen. In der Partnerschaft kann es deshalb zu Hochgefühlen und Konflikten kommen, die persönlich schwer beeinflusst werden können. Manchmal denken wir, dass wir schon morgens mit dem falschen Fuß aufgestanden sind, an anderen Tagen fühlen wir uns energiegeladen und uns gelingt alles, was wir uns für diesen Tag vorgenommen haben. Wenn es uns gelingt, die innere Uhr abzulesen, die von unserem Sternzeichen beeinflusst wird, haben wir die Möglichkeit, unser Leben positiv zu beeinflussen. Nicht immer ist es vorteilhaft, sich mit aller Kraft einer inneren Stimmung entgegen zu stemmen. Wenn wir die Ursache jedoch kennen, können wir auch mit unseren Schwächen behutsamer umgehen und sie lieben lernen.

Wir sind eine Einheit aus Geist und Körper. Wenn etwas aus dem Gleichgewicht gerät und eine Seite elementar vernachlässigt wird, hat das oft gesundheitliche Probleme zur Folge. Um dieser Gefahr vorzubeugen, genügt es, seine innere Stimme lesen zu lernen um seine Reserven besser abschätzen zu können.

Die folgenden Diagramme helfen dabei, unbewusste Schwächen und Höhen des Sternzeichens im Jahresverlauf zu erkennen – auch wenn sie zum jeweiligen Zeitpunkt vielleicht nicht offensichtlich sind. Ist eine Kurve im Tal, bedeutet das nicht, dass es zur Zeit unmöglich ist, gewisse Dinge trotzdem in Angriff zu nehmen. Im Gegenteil: Es sollte Motivation geben, die zur Zeit vernachlässigten Bereiche in Eigeninitiative zum Positiven zu wenden.

Die Sterne beeinflussen zwar unser Leben, jedoch können wir eigene Richtungen und Impulse setzen, die auch in scheinbar negativen Konstellationen zu Erfolg und Glück führen können.

Libido

Diese Kurve zeigt unsere unbewusste sexuelle Energie an. Zeiten sexueller Aktivität und Kraft wechseln mit scheinbar lustlosen Momenten. In Zeiten der Hochphasen, spüren wir die sexuelle Anziehungskraft des Partners besonders stark. Wir begehren und wünschen uns begehrt zu werden. Schläft die Libido zeitweise ein, ist es an der Zeit, das Feuer neu zu entfachen.

Körper

Der eigene Körper gerät in dieser schnelllebigen Zeit oft in Vergessenheit. Oft spüren wir ihn erst, wenn er Warnsignale aussendet. Manchmal ist es dann schon zu spät, ihm wieder Erholung zu verschaffen. In Zeiten der Kraftlosigkeit empfiehlt sich Sport, Wellness und die Beschäftigung mit dem eigenen Körper.

Geist

Im Berufsleben beanspruchen wir ihn oft so stark, dass wir zu Hause nur noch unsere Ruhe haben wollen. Stress ist Gift für unsere Seele. Er wirkt sich negativ auf unsere Gesundheit aus. Viele Menschen gönnen sich zu wenig Zeit für sich selbst. Meditation und Entspannungstechniken helfen uns dabei, Krisensituationen zu meistern und wieder Energie zu tanken.

Liebe

Liebe bedeutet hier, dem Partner Aufmerksamkeit zu schenken, und ihm zuzuhören. Niemand steht seinem Partner näher als Sie selbst. Es liegt an Ihnen, Situationen zu wundervollen Momenten zu verwandeln. In diesen vertrauensvollen Phasen spüren sie das innere Band, das sie verbindet.

Stier-Frau

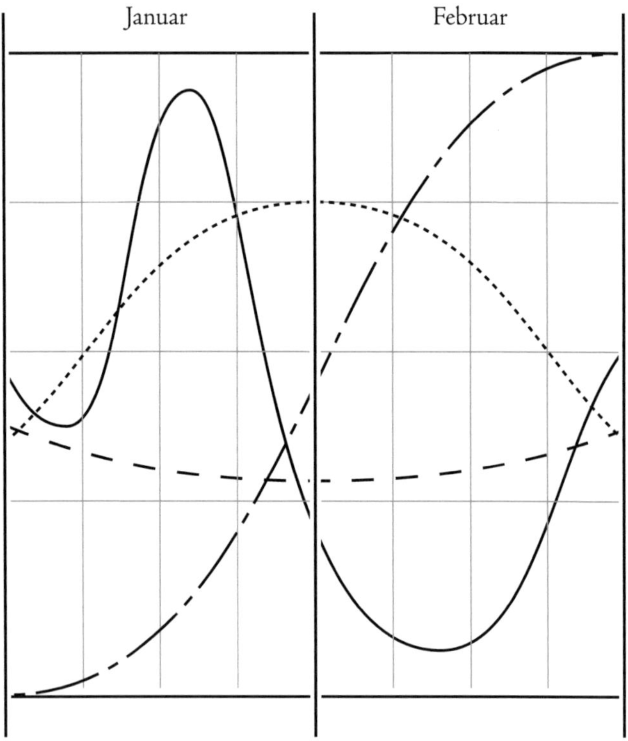

Januar	Februar

——————— Libido
− − − − − Körper
—·—·— Geist
·················· Liebe

Stier-Frau

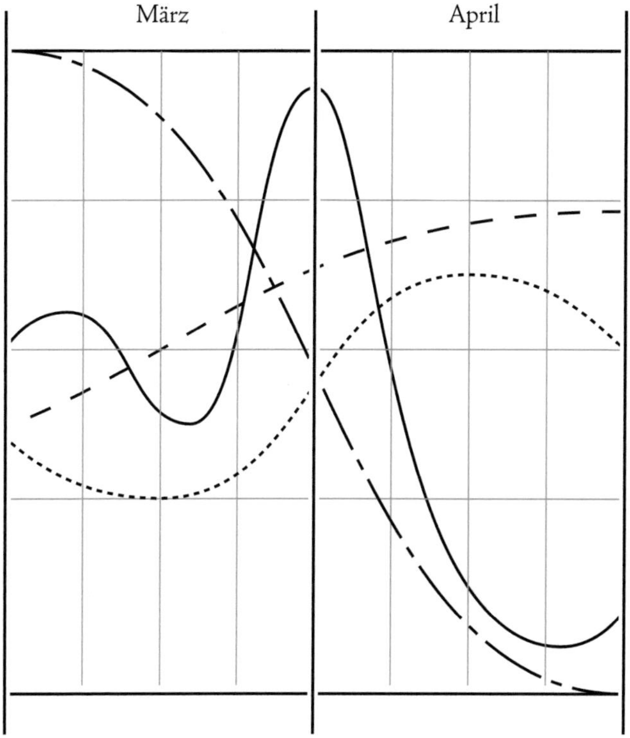

	März	April

_____ Libido

– – – – – Körper

— · — · · Geist

················ Liebe

Stier-Frau

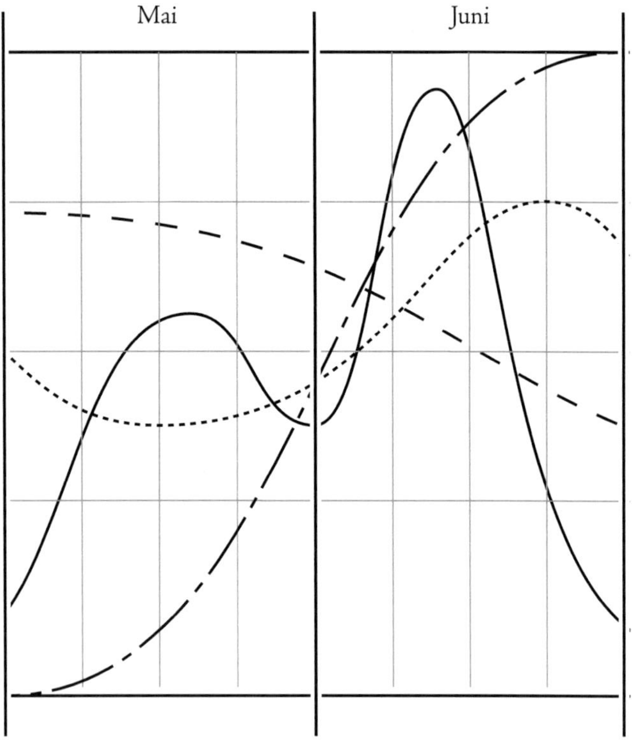

Mai	Juni

_____ Libido

- - - - - Körper

—·—·— Geist

················ Liebe

Stier-Frau

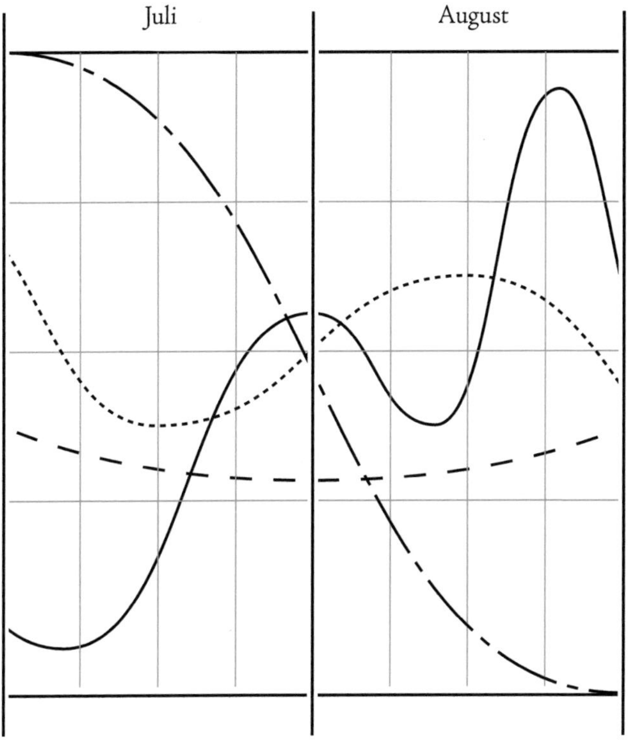

	Juli	August

_____ Libido

‒ ‒ ‒ ‒ Körper

—·—·— Geist

·············· Liebe

45

Stier-Frau

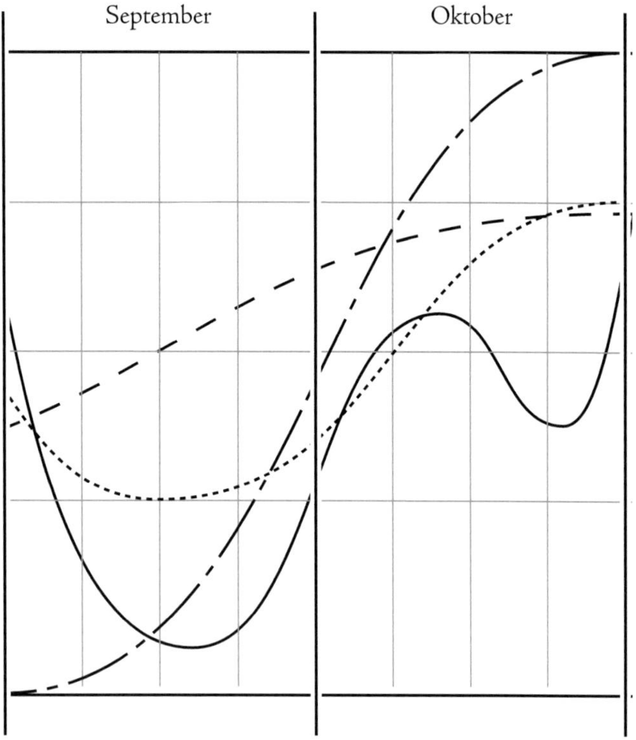

September	Oktober

_____ Libido

- - - - - Körper

—·—·— Geist

············· Liebe

Stier-Frau

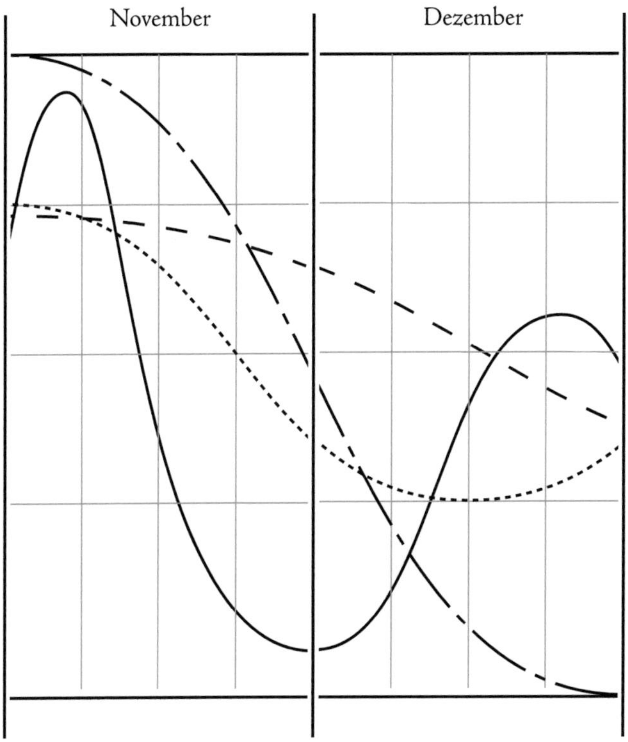

	November	Dezember

_____ Libido

- - - - - Körper

—·—·— Geist

·············· Liebe

Stier-Mann

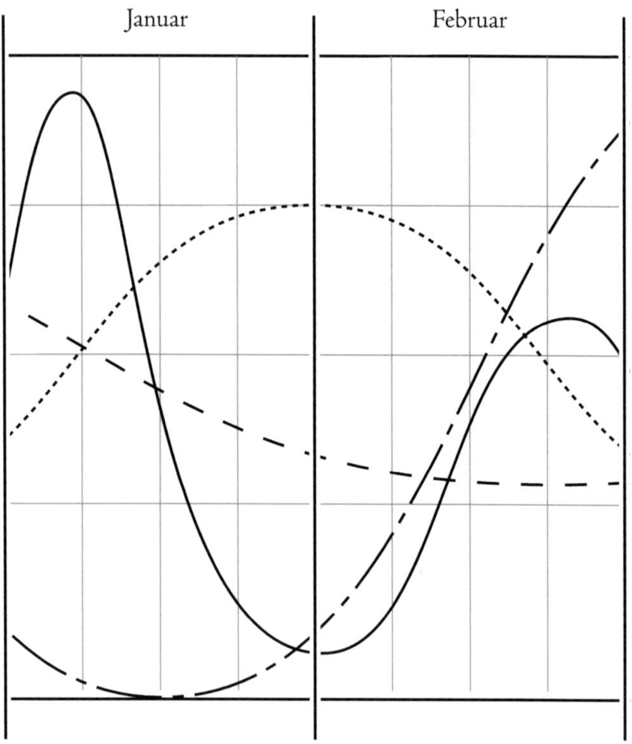

Januar	Februar

―――――― Libido
– – – – Körper
—·—·— Geist
················ Liebe

Stier-Mann

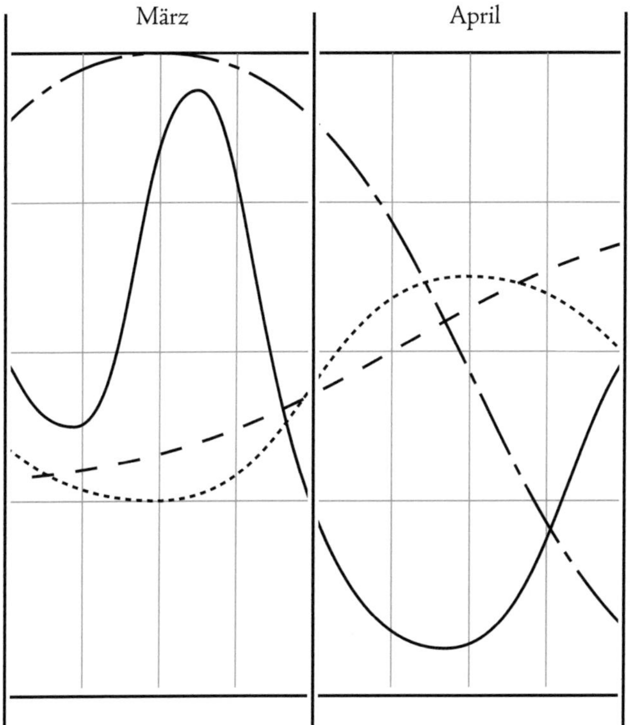

März	April

——————— Libido
– – – – – Körper
—·—·—·· Geist
··················· Liebe

Stier-Mann

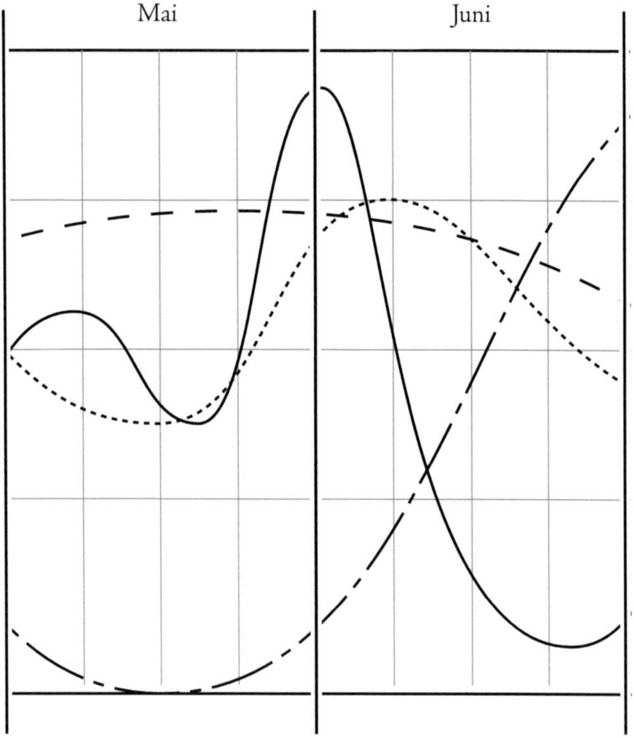

Mai	Juni

——————— Libido
– – – – – Körper
—·—·—· Geist
·············· Liebe

Stier-Mann

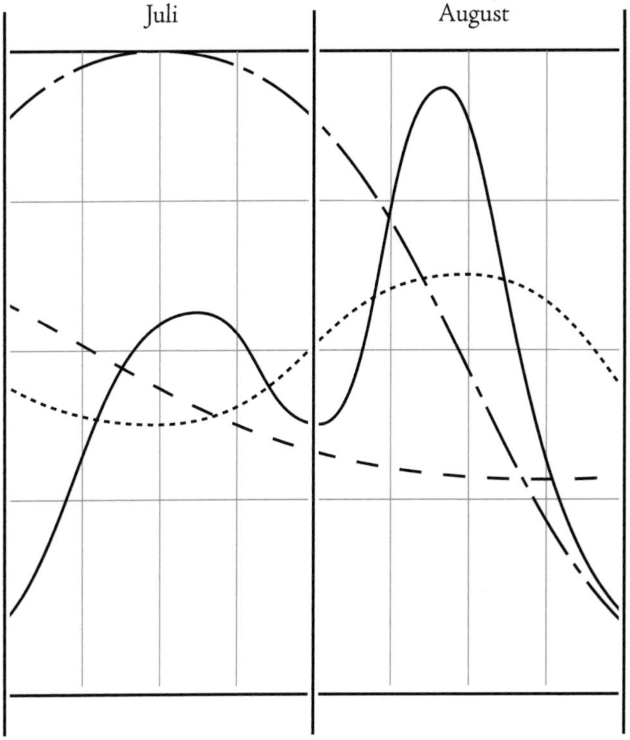

	Juli	August

Libido
Körper
Geist
Liebe

Stier-Mann

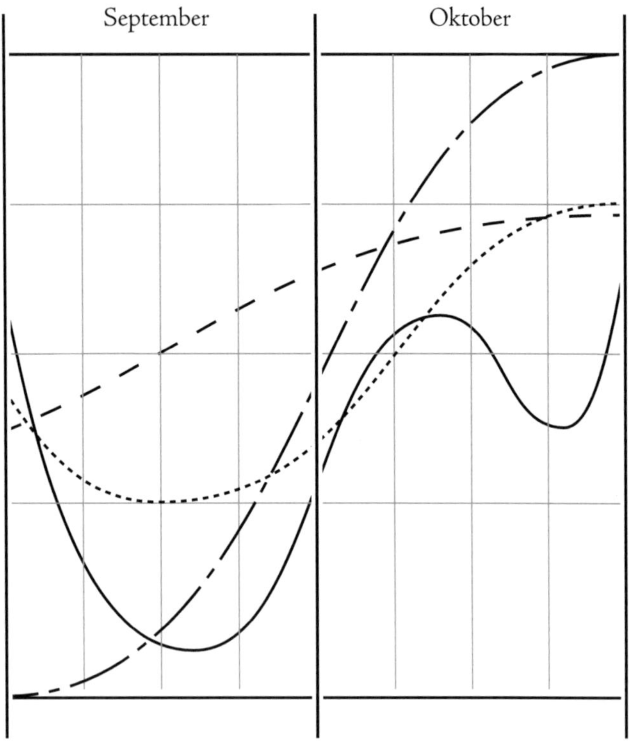

September	Oktober

——— Libido

- - - - - Körper

—·—·— Geist

·············· Liebe

Stier-Mann

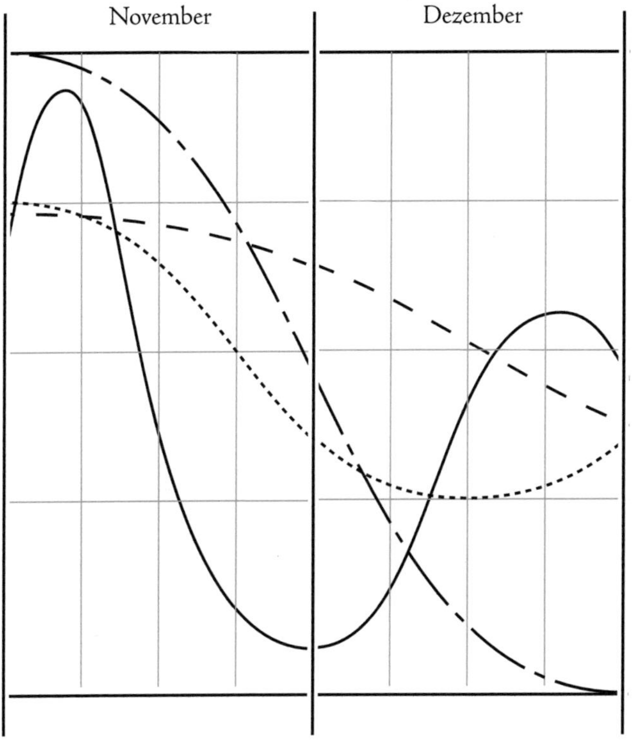

November	Dezember

——————— Libido
– – – – Körper
—·——·· Geist
·················· Liebe

Literatur zu Sternzeichen und Astrologie

Hermann Meyer
Das Grundlagenwerk der psychologischen Astrologie: Erkenne
Deine Licht- und Schattenseiten und die Deiner Mitmenschen

Frances Sakoian, Louis S. Acker
Das grosse Lehrbuch der Astrologie: Wie man Horoskope stellt
und nach neuesten wissenschaftlichen Erkenntnissen Charakter
und Schicksal deutet

Hermann Meyer
Astrologie und Psychologie: Eine neue Synthese

Christopher A. Weidner, Sabine Bends
Intuitive Astrologie: Nutzen Sie Ihr inneres Wissen für tiefe
Einsichten über sich selbst

Frank Felber
Wiederkehrhoroskope: Der Schlüssel zu verborgenen Zyklen

Ingrid Zinnel
Familienkonstellationen im Horoskop: Verstrickungen und
Lösungen aus astrologischer Sicht

Literatur zu Entspannung und Sexualität

Jan Aalstedt
Der multiple Orgasmus des Mannes. So kommen Sie nicht mehr zu früh und können mehrere Höhepunkte erleben.

Ludwig Reichenbach
Endlich mit Frauen flirten: Wie Sie lernen, Schüchternheit und Angst vor dem Flirten mit einfachen Übungen erfolgreich selbst zu überwinden

Ludwig Reichenbach
Endlich mit Männern flirten: Wie Sie lernen, Schüchternheit und Angst vor dem Flirten mit einfachen Übungen erfolgreich selbst zu überwinden

Lou Paget
Der perfekte Liebhaber: Sextechniken, die sie verrückt machen

Lou Paget
Die perfekte Liebhaberin: Sextechniken, die sie verrückt machen

Lou Paget
Der Super-Orgasmus: Höhepunkte zum Abheben

Jon Kabat-Zinn
Gesund durch Meditation: Das große Buch der Selbstheilung

David Servan-Schreiber
Die Neue Medizin der Emotionen: Stress, Angst, Depression: Gesund werden ohne Medikamente